बारहमासा
(कविता-संग्रह)

बारहमासा

(तुम्हारी यादों का कैलेंडर)

चित्रा पंवार

हिन्द युग्म

ISBN: 978-81-19555-34-5

प्रकाशक :
हिंद युग्म
सी-31, सेक्टर-20, नोएडा (उ.प्र.)-201301
फ़ोन- +91-120-4374046

मुद्रक : मनीपाल टेक्नोलॉजीज लिमिटेड
आवरण-डिज़ाइन : समीक्षा पंड्या

पहला संस्करण : जुलाई 2025
मूल्य : ₹199

Baarahmasa
A collection of poems by *Chitra Panwar*

Published By
Hind Yugm
C-31, Sector-20, Noida (UP)-201301
Phone- +91-120-4374046
Email- sampadak@hindyugm.com
Website- www.hindyugm.com

First Edition: Jul 2025
Price: ₹199

उन सभी के लिए—
जिनके कारण
इतिहास में दर्ज हुईं तारीख़ें
याद रखे गए साल
अमर हो गए कैलेंडर!

बारहमासा पर वे

यह सोचकर अच्छा लगता है कि कवयित्रियों का एक वर्ग अपने लेखन के प्रति सक्रिय है। उनके भीतर भावुकता नहीं, जीवन के ज़रूरी सवालों से टकराने की हिम्मत है। इन कवयित्रियों में चित्रा पंवार ने अपनी कविताओं से हमारा ध्यान आकर्षित किया है। वे अपनी कविता के लिए किसी आक्रामक भाषा का चुनाव नहीं करतीं, बल्कि ऐसी भाषा में लिखती हैं कि जिससे पाठकों को पढ़ने में कोई कठिनाई न हो और उनकी बात पाठकों तक संप्रेषित हो सके। उनकी भाषा संवाद की भाषा है। इस संग्रह के पूर्व उनका कविता संग्रह, 'दो औरतें' प्रकाशित हो चुका है। जैसा कि नाम से स्पष्ट है कि वे अपनी कविताओं में स्त्री विमर्श की बात करती हैं। उनके इस संग्रह को पढ़ते हुए हमारा उनकी संवेदना से परिचय होता है। जैसा कि हम सभी जानते हैं कि संवेदना के बिना हम स्त्री के वजूद को नहीं जान सकते, उनका नया संग्रह 'बारहमासा' कई मामलों में दिलचस्प है; इसमें जनवरी से लेकर दिसंबर माह तक की छवियाँ अंकित हैं। इस संग्रह में प्रेम और जीवन के अनेक अनुभव दर्ज हुए हैं। वे लिखती हैं, 'प्रेम तुम आना जीवन में / जैसे साल में आता है मार्च' या 'स्त्री चाहती है / अप्रैल जैसा प्रेमी / जो उसके मौन कंठ को / प्रेम से / पुकारकर कहे / तुम ख़ूब गाओ कोयल

/ मैं सुनूँगा तुम्हारे गीत' इस तरह की अनेकों अभिव्यक्तियाँ उनके इस संग्रह में मिलेंगी। चित्रा के अनुभव का संसार सीमित नहीं है, उसमें जीवन के अनेक रंग हैं; एक तरह से कहें कि उनके अनुभव एक स्त्री के अनुभव हैं, जो निरंतर उनकी कविता में व्यक्त होते रहते है। उनके इस संग्रह में पिछले संग्रह की छाया नहीं है, उससे मुक्त होकर अपने काव्य पथ पर आगे बढ़ती हैं; यही एक रचनाकार की सफलता है। इससे सुधी पाठकों को नया आस्वाद मिलेगा।

—स्वप्निल श्रीवास्तव
510 अवधपुरी कालोनी
फ़ैज़ाबाद 224001

बारहमासा लिखने की हिंदी कविता में बड़ी पुरानी परंपरा रही है, जायसी तक ने बारहमासा लिखा है, लोक में भी बारहमासा के लोकगीत गायन की एक सशक्त परंपरा है; लेकिन ये सब छंदबद्ध हैं, मुक्तछंद में बारहमासा लिखकर चित्रा अभिनव कार्य कर रही हैं व हिंदी कविता परंपरा का विस्तार कर रही हैं। मुक्तछंद में बारहमासा अब तक मेरी जानकारी में किसी ने नहीं लिखा है—इस नवोन्मेष के लिए चित्रा को बधाई!

—श्रीधर मिश्र
गोरखपुर, उत्तरप्रदेश

बारहमासा जैसे पारंपरिक काव्यरूप, शृंगार जिसका मूल रस है, उस काव्य रूप का प्रयोग कवि चित्रा पंवार अपने कविता संग्रह

'बारहमासा' में सर्वथा नए तेवर के साथ करती हैं। उनकी कविता में वर्णित ये बारह मास पारंपरिक षड्ऋतु न होकर, ग्रेगोरियन कैलेंडर के बारह महीने हैं। संग्रह की शुरुआत जनवरी व अंत दिसंबर से होता है।

चित्रा पंवार का यह बारहमासा, इस अर्थ में भी विशिष्ट है कि उसमें 26 जनवरी को लोकतंत्र का स्वप्न कहा गया है और 30 जनवरी, अर्थात् गाँधी हत्या को स्वप्नभंग की तरह देखा गया है, 'गोली की भयभीत करती ध्वनि के साथ छन्न से टूटता है... !' फ़रवरी के वैलेंटाइन से लेकर नवंबर की दीवाली और दिसंबर में ग़रीब की सर्दी का दृश्य बहुत मार्मिक है। माँ को याद करती आवाज़ में पुरुष स्वर किंचित आश्चर्यचकित कर गया। इन कविताओं में खेत हैं, खलिहान हैं, नदियाँ हैं, बादल हैं, वृक्ष व फूल भी हैं, प्रेमी का पसीना और युगल के चुंबन भी, प्रतीक्षा है तो मिलन का रंग भी है, किसान की आत्महत्या का दर्द भी छूटा नहीं है। ग़ौरतलब है कि पहली ही कविता का, परंपरागत मुहावरे और सोच के क़तई विपरीत, यह चौंकाने वाला भाव, 'तुम / संक्रांति के सूर्य-से चमके / और मैं / नाच उठी पतंग-सी', मन पुराने गीत में जा उलझा- मेरी ज़िंदगी है क्या / इक कटी पतंग है... और तब लगा कि औरत का स्त्री से व्यक्ति बनने का सफ़र कठिन तो रहा, पर आश्वस्तिकारक भी !

—सुमन केशरी

चित्रा पंवार के पहले संग्रह 'दो औरतें' को पढ़ते हुए यह विश्वास हुआ था कि कविता के संसार में उनका पहला क़दम मेहनत और मज़बूती से रखा गया है। उनकी 'बारहमासा' की कविताओं को पढ़कर यह विश्वास मज़बूत हुआ है। उनकी ये कविताएँ पहले संग्रह की

कविताओं से परिपक्व कविताएँ हैं। वैसे, बारहमासा हमारे भक्तिकाल के महत्वपूर्ण सूफ़ी कवि मलिक मुहम्मद जायसी के महाकाव्य पद्मावत का महत्वपूर्ण हिस्सा है, जिसमें वे नागमति के विरह को सघनता से दिखाते हैं। चित्रा पंवार की बारहमासा की कविताएँ इसलिए नई और अलहदा हैं, क्योंकि वे इनमें सिर्फ़ प्रेम नहीं, बल्कि दुनिया के तमाम कार्य-व्यापार को गहराई से देखती हैं। यहाँ प्रेम है, प्रकृति है, समाज है, स्त्री है, मज़दूर और किसान हैं, राजनीति है, पूँजी के कारनामे हैं, सत्ता की निरंकुशता है, गाँधी हैं और वे सब गतिविधियाँ हैं, जो एक संवेदनशील रचनाकार को उद्वेलित करती हैं, परेशान करती हैं, निराश करती हैं और वे भी स्थितियाँ हैं, जो कभी उल्लास, उमंग, आशा और ख़ुशियों का कारण बनती हैं तथा सुख में डालती हैं।

बरस भर के तमाम मौसमों के बीच चित्रा पंवार की प्रेम कविताएँ गहरी संवेदना, प्रेम और नए रूपकों के साथ आती हैं। इनमें प्रकृति उनके साथ एक सहचर की तरह रहती है। उनकी ऋतुओं की कविताओं में प्रकृति से मनुष्य का गहरा तादात्म्य दीखता है। इन कविताओं में प्रकृति का मानवीकरण है, जो सुख की अनुभूति कराता है। ऐसी कविताएँ धरा की देयता के प्रति कृतज्ञता का उत्सव हैं। उनकी कविताओं में प्रकृति से जूझते सर्वहारा की चिंता है और उनकी मेहनत पर भरोसा है। उनकी एक कविता का आशय है- स्त्री, किसान और मज़दूर के पेट की आग के सामने, सिकंदर की तरह दुनिया फ़तह करने निकले जून के सूरज का मुँह लटक गया है। मौसम की मार को चुनौती देती मनुष्य की जिजीविषा को दिखातीं ये पंक्तियाँ सुंदर हैं। उनकी कविताओं में देशज बिंब और प्रतीक हैं, जो उनके अपने आसपास के जीवन से सघनता से जुड़े होने की तस्दीक़ करते हैं। माँ पर भी उनकी सुंदर कविता है।

मैंने चित्रा की कविताओं के उदाहरण न देते हुए कविताओं की प्रवृत्तियों पर थोड़ी-सी बात की है। इन कविताओं के पाठक पाएँगे कि

चित्रा की कविताएँ गहरे भावबोध की और अपने समय तथा समाज को गहराई से जानने वाली कविताएँ हैं। चित्रा नई पीढ़ी के कवियों में सजग, जागरूक और संवेदनशील कवि हैं। वे अपने समय को अपनी पक्षधरता से देखती हैं और यह एक महत्वपूर्ण बात है।

वे इसी तरह सुंदर और ज़रूरी कविताएँ लिखती रहें। इस संग्रह के लिए मैं उन्हें अपनी शुभकामनाएँ देता हूँ।

—अनिल करमेले

मानव जीवन की लयात्मक अनुभूति जब प्रकृति के सानिध्य में पुष्पित, पल्लवित होती है, तो कवि मन की कल्पनाओं का वितान विस्तार पाता है। युवा कवि चित्रा लोक-जीवन के सानिध्य में पली बढ़ी हैं। उनके पास चिंतन, तर्क और मर्म की सुकोमल भाषा है, तो प्रेम और चेतना की प्रखर दृष्टि भी है।

चित्रा के बारहमासा श्रृंखला की कविताएँ अनुभव के आँवे में पककर तैयार हुई मानव मन की उलझनों, बेचैनियों और अपने बदलते परिवेश तथा मूल्यों के विघटन को सजगता से प्रस्तुत करती भावात्मक अभिव्यक्ति हैं। बारहमासा का हिंदी साहित्यिक दुनिया में स्वागत एवं प्रिय चित्रा को मेरी शुभकामनाएँ!

—डॉ. सोनी पांडेय
कवि, कथाकार
संपादक, गाथांतर
आज़मगढ़, उत्तर प्रदेश

फ़ेसबुक पर जिन कवियों की कविता को मैं बहुत चाव और चाह से पढ़ता और पसंद करता हूँ, चित्रा पंवार उनमें से एक हैं। जहाँ उनकी कविताओं में साधारण मनुष्य के आंतरिक मन की गहरी संवेदनाओं की झलक देखने को मिलती है, वहीं उनकी कविताओं में समकालीन जीवन यथार्थ और सामाजिक जटिलताओं के गहरे अनुभव भी आकार लेते दिखाई देते हैं। नए-नए बिंब और नए-नए मेटाफ़र उनकी कविता को अलग भावबोध देते हैं। ख़ासतौर से प्रेम कविताओं में दर्ज, विछोह की पीड़ा, समर्पण, शुद्धता अपने आप में समकालीन कवियों से उन्हें अलग करती है। बारह मासा में कवयित्री ने साल के बारह महीनों के बहाने अपने मन की कल्पना और उड़ान के बेहद ख़ूबसूरत दृश्य प्रस्तुत किए हैं। मैं आशा करता हूँ कि चित्रा पंवार की नई पुस्तक हिंदी के सुधी पाठकों को बेहद पसंद आएगी और आगे भी उनकी ख़ूबसूरत कविताएँ पढ़ने को मिलती रहेंगी।

—डॉ. अमरजीत कौंके
हिंदी, पंजाबी भाषी कवि, लेखक
संपादक, प्रतिमान
पटियाला, पंजाब

युवा कवयित्री चित्रा पंवार का नया कविता-संग्रह 'बारहमासा' आधुनिक युग का बारहमासा है। दरअसल कविता का असली धरातल संवेदना है और संवेदना का आधार मनुष्यता है, यानी मानवीय चेतना के प्रति हमारी आसक्ति; क्योंकि एक अच्छी कविता वह होती है, जो हमारी संवेदना को न केवल पुनर्जीवित करती है, बल्कि हमें एक अच्छा मनुष्य भी बनाती है। यद्यपि, भक्तिकाल के कवि जायसी ने मेरे जानते

संभवतः बारहमासा पर केंद्रित 'पद्मावत' में नागमति के वियोग का वर्णन किया था, लेकिन चित्रा का यह संग्रह इस अर्थ में भिन्न है कि इसमें प्रेम के साथ उम्मीदों की खिलती धूप है और भ्रम का धुँधलका छँटने की आशा की किरण भी। इसमें आधुनिक परिवेश में पले-बढ़े प्रेमी-प्रेमिका ही नहीं हैं, बल्कि संपूर्ण प्रकृति भी प्रेम में निमग्न दिखाई देती है। सच ही कहती हैं चित्रा, 'फूलों ने अपनी ख़ुशबू से मेरे गाल सहलाए / मानो कह रहे हों / जीवन लेना नहीं / बचा लेना प्रेम है।'

चूँकि, कविता साहित्य की सबसे संवेदनशील और सूक्ष्म विधा है, इसलिए भी अमानवीकरण के विरोध में हमारी चेतना को कविता ही झकझोर सकती है और थोड़ी-सी जगह प्रेम के लिए अब भी बचा सकती है। आज की युवा पीढ़ी के कवियों ने एक नई काव्य भाषा तैयार की है; यही कारण है कि प्रेम के महत्त्व को सभी ने एकमत से स्वीकार किया है, चाहे वह आदिकवि वाल्मीकि हों, कबीर हों या फिर आधुनिक कवि। मुझे विश्वास है कि चित्रा की ये कविताएँ पाठकों को कविता के नए आस्वाद से परिचित कराएँगी।

—साधना अग्रवाल

क्रम

जनवरी

1

सर्द, ख़ुश्क, उदास
जनवरी थी ज़िंदगी
सहसा
दिल के आसमान पर
तुम
संक्रांति के सूर्य-से चमके
और मैं
नाच उठी पतंग-सी

2

ये नहीं हारेंगे
नसों में लहू जमाती
स्याह काली, सर्द रातों से

ये अभाव, क़र्ज़, बीमारी के
बेताल को पीठ पर लादकर भी
ईर्ष्या से मुक्त रहकर
ओवरकोट, दस्तानों, टोपी, बूटों में
ध्रुवीय भालू बने रईसों के
बड़े-बड़े पेटों और
व्यापारियों के अंधे, गहरे गोदामों के लिए
अधनंगे, कंकाली बदन
खेत में सींचेंगे गेहूँ
अपनी उम्र से भी
बड़ी रातों में—
ये नहीं छोड़ेंगे
अपनी ज़मीन, अपने पशुओं को अकेला
कोहरे में भीगी
घास को सुलगाकर

ये दूर खदेड़ देंगे अँधेरे की विशाल सेना को
धरती के आँचल में फ़सल रोप
यही बचाएँगे उसे युद्ध, भूख और बंजरता के शाप से
किसानों के श्रम और साहस के ताप से
ढीले पड़ जाएँगे
जनवरी के बर्फ़ीले तेवर

3

दिन छोटे
रातें लंबी
चारों ओर तनी है
भ्रम की धुँधली चादर
झुठला दी गई है
सच की रौशनी
सूरज थका ज़रूर है
मगर हारा नहीं है
देखना एक दिन छँट ही जाएगा
निराशा का अँधेरा
खिलेगी उम्मीदों की धूप
तुम उदास न होना
जनवरी

4

हम भारत के वासी
गर्व से भरे
छब्बीस को देखते हैं
आज़ाद, लोकतांत्रिक देश के निवासी होने का
सुखद स्वप्न
जो ठीक पाँचवें दिन
गोली की भयभीत करती
ध्वनि के साथ
छन्न से टूटता है—
लोकतंत्र में लोक की आज़ादी का
तुम्हीं कोरा भ्रम
तुम्हीं आईना हो जनवरी

5

झरोखे में बैठा प्रेमालाप कर रहा है
कबूतरों का जोड़ा
ओस में नहाए पेड़
एक दूसरे के कंधे पर सर
टिकाए आसक्त लेटे हैं
लटें बिखेरकर माँ की गोद में
अलसाई-सी पसरी पड़ी है मतवाली मटर
बचपन को विदा करती सरसों
नए-नए प्रेम में पड़कर लहलहा रही है पुरज़ोर
घर से काम पर निकलते सूरज को
हर बार दहलीज़ से खींच
भीतर ले जाती है अल्हड़ प्रेयसी
किसान दुलार रहा है
नन्हे शिशु गेहूँ के गालों को
दूर भूसे के ढेर पर भूरी कुतिया
सिखा रही है अपने पिल्लों को जीवन के गुर
तुम्हें याद रखने, प्रेम करने के
और भी कारण हैं जनवरी!
तुम बस नए साल का पहला महीना, पहली तारीख़ ही नहीं हो

6

जनवरी चली गई
शोर मचाती आई थी
उदासी का दुशाला ओढ़े कोहरे की ओट लिए
चुपचाप चली गई
हो सकता था
कुछ दिन और ठहरती
शायद गोलियों की आवाज़ से सहम गई
जनवरी चली गई
रोई नहीं, चीख़ी-चिल्लाई नहीं
बेटी पिता का शव पीठ पर लादे
न्याय माँगने निकल गई
जनवरी चली गई—
कहते थे
जिन्हें मामूली-सा एक बूढ़ा आदमी
हैरान है वो
फिर दुनिया कैसे एक बूढ़े से डर गई
जनवरी चली गई

फ़रवरी

1

शीत ऋतु
कुछ माह पीहर में बिताकर
लौट रही है अपने ससुराल
पेड़ों से झड़े पत्ते
जैसे न जाने की ज़िद में
ननिहाल के आँगन में
यहाँ-वहाँ भागते शिशु
शुष्क हवाएँ गा रही हैं
बिदाई की उदास धुन पर पिया मिलन के गीत
ग्रीष्म के स्वागत में
महक रहें हैं गुलाब
दूधिया रस से भरी हैं
गेहूँ की बालियाँ
ठुमक रही है सरसों
मिठास से भरी हैं गन्ने की पोरी
कह रही है फ़रवरी
समय के साथ बहो
मुक्त करो जाते हुए को
आने वालों के गले लगो

परिवर्तन उदासी का नहीं
जीवन के उत्सव का नाम है

2

ट्यूलिप, गुलाब
डहेलिया, बिगोनिया
पैंसी, गेंदा, जरबेरा
गुड़हल, गजेनिया
शोभा बढ़ाते रहे प्रदर्शनियों की
प्रशंसा पाते रहे
उन्हें उगाने वाले
अख़बार भरे थे उनके अथाह श्रम की कहानियों से
ठीक उसी समय
खेतों में उदास खड़े थे गेहूँ, सरसों
विपरीत परिस्थितियों में उन्हें उपजाने वाले
गुमनाम, ग़रीब किसान
झूल रहे थे पेड़ की डाल पर
या दो घूँट आँसुओं के साथ
सल्फ़ास निगलकर
सो रहे थे गहरी नींद

3

कौन माँगता है प्रेम में
तुमसे तुम्हारी जान
बस इतना ही तो चाहा है कि
अबकी बार आना
तो जेब में रख लाना
थोड़ा-सा ज़्यादा वक़्त
और थमा देना मुझे
जैसे अट्ठाईस की फ़रवरी
की हथेली पर
रख देता है कोई-कोई साल
उनतीसवाँ दिन

4

इस वेलेंटाइन डे
नहीं कहूँगा
आई लव यू
नहीं दूँगा कोई महँगा तोहफ़ा
उस दिन जब
ऑफ़िस से घर लौटोगी थकी-हारी
ढेर सारा प्यार मिलाकर
बनाऊँगा तुम्हारे लिए
एक कप चाय

5

सुबह-सुबह
डाली पर खिले गुलाब देख
सहसा तुम याद आ गईं
याद आ गया फ़रवरी के वेलेंटाइन वीक का पहला दिन
यानी रोज़ डे
गुलाब उतने ही उल्लसित और बेफ़िक्र
जितनी काँटों से भरे जीवन के बीच
खिलखिलाती हुई तुम—
अधखुली कलियाँ
जैसे झरोखे से आकाश निहारती तुम्हारी आँखें
मैंने सोचा तुम पास होती
तो ये गुलाब सप्रेम तुम्हें देता
मगर अब क्या
मन मारकर
उन सुर्ख़ फूलों की फ़ोटो ली
और हैप्पी रोज़ डे के साथ
व्हाट्सएप कर दी तुम्हें
जवाबी संदेश में धड़कता हुआ दिल
एक मुसकुराती इमोजी के साथ ख़ुद चला आया

मैं हँसा, फूल भी हँसे
जान बची तो लाखों पाए
ठंडी हवा के झोंके के हाथों
फूलों ने
अपनी ख़ुशबू से मेरे गाल सहलाए
मानो कह रहे हों
जीवन लेना नहीं
बचा लेना प्रेम है

6

प्रेम के हिस्से
ख़ुशियों का आना
उतना ही अनिश्चित
उतना ही कठिन
जितना
फ़रवरी की किसी रात को
मिल पाना
पूरा-पूरा चाँद

7

बह रही हैं
उड़ रही हैं
उग रही हैं
खिल रही हैं
चमक रही हैं
चहक रही हैं
फ़रवरी-सी लड़कियाँ
फागुन जाओ
तुम भी माँग लाओ
इनसे
कुछ रंग अपने वास्ते...!

8

फ़रवरी-सी खिलती, चहकती
उड़ती ख़ुशरंग
लड़कियों की तक़दीर
में होती हैं
जेठ की बयाबान दोपहर-सी प्रतीक्षाएँ
भादों की स्याह काली रातों का अंधकार
जनवरी से सर्द संबंधों का साथ
दिसंबर-सी लंबी तन्हाई
साल के सारे उदास मौसम
न जाने क्यूँ आते हैं इन्हीं
फ़रवरी-सी लड़कियों के हिस्से

मार्च

1

प्रेम तुम आना
मेरे जीवन में
जैसे साल में आता है
मार्च
बसंत की बहार बनकर
फाग का त्यौहार लेकर
सतरंगी इंद्रधनुष से छा जाना
प्रेम तुम जब भी आना
ज़िंदगी के सूखे ठूँठ पर
नर्म पत्तों जैसे मुसकुराना

2

मार्च के उदास मौसम में
आकाश तुम्हीं तो थे
जिसने सूरज के हाथों
अपनी धरा के
नर्म, नाज़ुक पैरो के लिए
पलाश के फूलों में भरकर
भेजा था
महावर

3

काश!
मैं मार्च होता
तो भर देता तुम्हारा दामन
महकते रंगों से
कैसे बताऊँ कि
नहीं देख पाता हूँ मैं
तुम्हारी ये बेरंग उदास ज़िंदगी

4

तारीख़ बारह मार्च
स्थान साबरमती आश्रम—
एक बूढ़ा आदमी
लाठी पर झूलता आगे बढ़ा
गोरों ने उपहास किया;
देखना
दो-चार क़दम चलते ही
औंधे मुँह गिरेगा
सठिया गया है—साठ पार ओल्ड-मैन
मगर पश्चिम के भौतिकतावादियों ने
नश्वर शरीर ही देखा था
उस अस्थि पिंजर के भीतर स्थित
ज़िद्दी, जुनूनी, फ़ौलादी आत्मा को वे कहाँ देख पाए थे—
उन लड़खड़ाते क़दमों में सत्य की असीम शक्ति समाई थी
एक बार चल पड़े तो चल पड़े
बिना रुके, बिना थके
जहाँ से गुज़रे—बहती नदी-से
किनारे खड़े सैकड़ों लोगों को साथ बहाते ले चले
वे डगमग पैर

जब छब्बीस दिनों बाद रुके
तब तक मात्र दो-चार क़दम नहीं
अपितु
पूरे दो सौ चालीस मील लंबा इतिहास लिख चुके थे
हैरत की बात ये
कि फिर भी
उस साठ पार ओल्ड मैन के चेहरे पर
भय और थकान की जगह
सत्य और साहस से भरी विजय मुस्कान तैर रही थी

5

अजी
छोड़ो भी पुरानी बातें
क्यों लेकर बैठे हो अभी तक
पहले कहे सुने का
रद्दी बहीखाता
भूल भी जाओ
सब गिले शिकवे
वैसे भी प्रेम में नहीं देखा जाता है नफ़ा-नुक़सान
गुज़रने को है मार्च
अब बंद भी करो
पुराने हिसाब-किताब के सब चिट्ठे
आओ हम पहली अप्रैल से खोलें
प्रेम का नया खाता
बनाएँ ख़ुशियाँ, समर्पण, साथ का
मज़बूत और उम्मीदों भरा बजट

अप्रैल

1

सारे महीने गए
छुट्टियाँ मनाने
मौज-मस्ती करने
अप्रैल ने कहा
मुझे बहुत काम हैं
सबेरे झरा महुआ बटोरकर लाना है
आँधी-बारिश से
आमों का बौर बचाना है
तुम सब जाओ
मैं न जा सकूँगा
अभी मैं किसान के साथ
चैत काटूँगा

2

स्त्री चाहती है
अप्रैल-सा प्रेमी
जो उसके मौन कंठ को
प्रेम से
पुकारकर कहे—
तुम ख़ूब गाओ कोयल
मैं सुनूँगा तुम्हारे गीत

3

चढ़ते यौवन में भी
प्रौढ़ता-सा ठहराव लिए
शांत साधक-सा गंभीर
अथाह सागर-सा मौन
पृथ्वी-सा धैर्यवान है ये
सब संगति का असर है
अप्रैल
किसान की
चिर-प्रतीक्षा का
मीठा फल है

4

यूँ तो आने को
आ सकते थे तुम
दिसंबर-जनवरी के बर्फ़ीले दिनों में
या फ़रवरी-मार्च के रूमानी
वासंतिक मौसम में भी
कितना सुखद होता
जुलाई-अगस्त की किसी काली
घिरी रात में अचानक
तुम्हारा पारिजात-सा आ खिलना
वैसे मई-जून की नख़रीली दोपहर
भी उतनी बुरी नहीं थी
किंतु तुमने सीधे-साधे अप्रैल को चुना
जानते हो!
बस एक तुम्हारे जन्म ने—
उसकी सरलता को
न जाने कितनी विशेषताओं से भर दिया

5

मकरंद पीकर झूमती हवा
महुआ ओढ़े धरा
झुनझुना बजाती गेहूँ की बालियाँ
तान छेड़ती कोयल
फ़सल काटता किसान
चैती गाती स्त्रियाँ
भोजन में नमक बराबर उष्णता लिए मौसम
अप्रैल मात्र एक मास ही नहीं
अपितु धरा की देयता के प्रति
कृतज्ञता के उत्सव का नाम है

6

अप्रैल
माँ धरती का
गुणी, आज्ञाकारी
सीधा-साधा
किशोरवय बालक
न फ़रवरी, मार्च जैसा चंचल
न मई, जून जैसा ग़ुस्सैल

मई

1

मई की किसी
लू भरी दोपहर में
ज़िंदगी की बेल पर
लटक रहे हैं हम दोनों
अंगूर के गुच्छों की तरह

जहाँ न पैरों तले ज़मीन है
न सर पे आसमान
वहाँ प्रेम ही जीने का
एकमात्र आलंबन है
हवा का धीमा कंपन पाकर भी
ज़ोर से हिलते हुए
हम चूम लेते हैं
एक-दूसरे के खट्टे होंठों को
और भर जाते हैं
अद्‌भुत मिठास से
यही जीवन है

2

सबने देखा
उसका कड़वापन
तुमने देखा सौंदर्य
अमलतास, गुलमोहर
की पंक्ति में खड़ा
सफ़ेद फूलों से लदा नीम
मुस्कुराकर कह रहा है
शुक्रिया मई

3

जो असंख्य पीड़ाएँ
आँखों से
बह न सकीं
उन्हें ही स्वेद बनाकर
देह की क़ैद से
मुक्त कर देती है
मई—

4

क्या सोचा था
तुम्हारे आगमन पर
बड़ी धूमधाम से स्वागत सत्कार होगा?
आरती उतारी जाएगी!
तुम कौन-सा अमीरों, बादशाहों का—
सजदा करती, गुणगान गाती
उनके तलवों को सहलाती हुई आई हो
जो जय-जयकार होगी
तुम्हारे अठारह सौ सत्तावन के क्रांतिकारी तेवरों से
इतिहास आज तक डरा बैठा है
ऊपर से
अगर आते ही मज़दूरों के हक़ हिस्से
की बातें करोगी
तो प्रत्युत्तर में
दहकते हुए अंगारे ही मिलेंगे न!
फूल तो बरसने से रहे तुमपर

5

ओ भाई मई!
क्या बात है?
जो इतना जले-भुने जा रहे हो
गुस्से में लाल-पीले हुए
कहाँ से आ रहे हो?
क्या ज़रूरत थी
सूरज से पंगा लेने की
क्यों?
ताल पोखर को सुखाने की धमकी
आख़िर तुम्हीं पर भारी पड़ गई न!
अब भुगतो
धरती के गर्म तवे पर
पॉपकॉर्न से उछलो
पानी की जगह
पसीने में गोते लगाओ
माना कि जवान हो
चढ़ती उम्र का जोश है
मगर ऐसी भी क्या अकड़
कि अब हाल-बेहाल हुए जा रहे हो

चलो... अभी भी देर नहीं हुई है
किसी समंदर के पास चलो!
उससे कहो सूरज को पानी पिलाकर
उसका क्रोध शांत करे
आसमान की मनुहार करो
कि वह रुई के बड़े-बड़े थैले सिलकर
उनमें सागर से माँगकर जल भर लाए
पेड़ों को मनाओ
ताकि अपनी शाखाओं पर उन थैलों को लटकाकर
वह बारिश करा सकें
चलो, धीरे-धीरे चलो
हाँफ क्यूँ रहे हो
वो देखो
हिम शिखरों से नहाकर हवा भी आ गई है
यहाँ पेड़ के नीचे लेट जाओ
चलो अब शांत हो जाओ
कुछ क्षण
आराम से सो जाओ!

जून

1

इन्हें प्रेम में मिले गुलाब
से अधिक प्रिय लगी
अपने मेहनतकश प्रेमियों के
पसीने की गंध से भरी देह
तर-बतर क़मीज़ की जेब से निकले
आपस में चिपके दस, बीस के नोट
जब इनकी हथेली पर रखे गए
ये चाँद-तारों के पा जाने की अनुभूति से भर गईं
इन्होंने जलते दिनों में
प्रेमियों के साथ नापे जीवन के तपते रेगिस्तान
दु:ख की भट्टी में जब प्रेमी धुआँ-धुआँ होने को आए
इनके होंठों ने नेह की बौछार से
बचा लिया उनका अस्तित्व
इनके संघर्ष की गाँठ रूमानियत के मलमल से
लाख गुना मज़बूत थी
इन प्रेमिकाओं ने पूरे चाँद की रात को
अपने प्रेमियों के सीने पर औंधे मुँह लेटे हुए
बुलंद आवाज़ में कहा—
तुम्हारे सामने फ़रवरी कुछ भी नहीं है
मेरे जून!

2

मेरे प्रेम पर संदेह है न तुम्हें ?
अपने प्रेम को साबित करने का
मेरे पास
मात्र इस बात के
कोई प्रमाण भी नहीं
कि जब अपनी देह भी
काटने को दौड़ती है
जून के उन
दहकते दिनों में भी
मैंने
तुम्हारे आलिंगन से
कभी मुक्ति नहीं चाही

3

दिन के तीसरे पहर
चूल्हे की आग पर रोटी सेंक रही स्त्री
कनपटी तक लटकी पसीने की बूँदों को छिटक
पुनः खेत जोतने में मशग़ूल किसान
तसला भर पत्थरों को आसमान की ओर
उछालता मज़दूर
तीनों बुदबुदाए—
'पेट की आग के आगे
यह ताप
कुछ भी नहीं!'
इतना सुनकर
सिकंदर बन
दुनिया फ़तह करने निकले
जून के सूरज का
मुँह लटक गया

4

माँ की यादों में
पूरे साल के नाम पर दर्ज मिला
बस एक माह—
हैरान हैं उसके बच्चे
पूरी दुनिया के साल का कैलेंडर बारह महीने का
और माँ का साल सिर्फ़ एक माह का!

माँ बनने से लेकर
अपनी माँ की मृत्यु वाले बरस तक
माँ का हर एक साल
बस इस एक माह की प्रतीक्षा में व्यतीत होता—
माँ का अतिप्रिय स्नेह की भूमि पर तपता जून का महीना
यही था जब लंबी जुदाई के बाद
माँ मिला करती अपनी माँ से
अपने पेड़ की छाती से लिपटी अमरबेल बनी माँ
घंटों जलमग्न हुई रहती
ख़ुद को विस्मृत कर चुकी माँ को इसी मास ने पुकारा
उसके अपने नाम से
इसी की छाँव में कच्ची नींद की ऊँची चट्टान पर

सूरज के सर के ठीक ऊपर चढ़ आने तक
माँ बेफ़िक्र पड़ी सोई रहती पैर पसारे
इसी माह ने बाँटे माँ के सारे सुख-दुःख
इसी ने बचपन की सखियों से मिलवाया
बच्चों ने इन्हीं दिनों में देखी
माँ की पसंद-नापसंद, गुमनाम प्रेमिका
इन्हीं दिनों में जाग उठता था
संस्कारों में दबी समझदार माँ के भीतर छिपा अल्हड़ शिशु
अपनी माँ के जाने के बाद
माँ ने आज़ाद कर दिया इस माह के कबूतर को भी
अपने कैलेंडर की क़ैद से
अब यह महीना
बस माँ की सुखद स्मृतियों की बकसिया में बंद है
जिसे वह खोल बैठती है यदा-कदा
जिसे अपने बच्चों को दिखाना
उसके पसंदीदा कामों में से एक है
और उसके बच्चों के लिए बकसिया में बंद जून
विरासत में मिला सबसे अनमोल ख़ज़ाना

5

अबकी साल
पहली बार
जून में हो रही है तेज़ बारिश
अबकी साल
पहली बार
देख रहा हूँ
रोते हुए पिता को!

जुलाई

1

मेघ झरेंगे
धान लगेंगे
पानी पीकर उदर फटने से
बुढ़िया जामुन के
प्राण उड़ेंगे
लदे दशहरी दादा के दिन
अब चौसा जी राज करेंगे
अख़बारों में ख़बर छपी है
बारिश से सब खिले हुए किसान मिलेंगे
मामा घर से लौटी मिट्‌ठू
पहली से स्कूल खुलेंगे
चिड़िया बूँदें देख के फुदकी
अब हम प्यासे नहीं मरेंगे
ताल-पोखरे हँसते, तो कभी रोते
अब बरसो बादल!
आओ बादल!
हम रीते मन के घड़े भरेंगे
नानी आँखें पोंछ के बोली
जा बिटिया घर अपने जा

अब हम अगले साल मिलेंगे
छिपे गर्भ में धरती के
सब प्रणव से अंकुर फूटेंगे
झगड़ी नीम से निंबोली
पाँव पटक धरती पर बोली
अब हम घर में नहीं रहेंगे
गाँव बुलाता बेटे को
घर आजा ओ परदेसी
नींबू, नमक लगाकर भुट्टा
और बाग़ों में पके हुए अमरूद मिलेंगे
राह देखती माई मिलेगी
बुझे-बुझे से पिता खिलेंगे

2

मेरे जीवन की
कर्क रेखा पर
जब चल रहा होगा
जून-जुलाई का मौसम
तुम मकर रेखा के प्रवास पर
तो नहीं चले जाओगे ?
इतना भरोसा दे सको
तो आओ—
मेरे प्रेम की धरा पर
स्वागत है तुम्हारा

3

वो भी क्या दिन थे
जब विषुवत रेखा की तरह
तुम्हारे प्रेम के केंद्र में थी मैं
सारे तपते मौसम
मौसमी झंझावतों से
हम मिलकर लड़े थे
समय के पैमाने पर दिन और रात से
न कम, न अधिक
एक बराबर थे हम
सहसा मुझे उत्तर में धकेल
तुम विपरीत ध्रुव की ओर बढ़ गए
जबकि जानते थे तुम—
यह कर्क रेखा और
ज़ालिम जुलाई का मौसम

4

किसी के अच्छा या बुरा कहने से
कभी दुखी मत होना
जनवरी की हो
या फिर जुलाई की
धूप-धूप होती है
बदल जाती है तो बस
लोगों की ज़रूरत

5

दुनिया की पहली क्रांतिकारी स्त्री थी
जुलाई!
इसने पैदा कीं क्रांतिकारी बेटियाँ
उनके पंखों में भरी
शिक्षा की मज़बूत उड़ान
जिसके बलबूते
वे चूल्हे-चौके से लेकर
आसमान तक में टाँक आईं
अपने हुनर के अनगिनत सितारे
इन बेटियों की जेबों में
दुःख और अभाव की कतरनों की जगह
खनखना रहे थे स्वाभिमान के सिक्के
उसने कहा—
मेरी बच्चियों तुम मज़लूम और बेचारी नहीं
योद्धा बनना!
ज्ञान की पताका ले
दुनिया की तमाम लड़कियों तक पहुँचना
उन्हें 'शिक्षा के लिए युद्ध' को ललकारना
जब वे नींद में देख रहीं हो

किसी राजकुमार का स्वप्न
जो उनका हाथ थामे
पार करा रहा हो पीड़ा व बंधनों की नदी
ठीक उसी समय—
चुपके से उनके सिरहाने रख देना कोई किताब
उसमें लिखना
स्कूल बाहें फैलाए तुम्हारी राह देखता है
काग़ज़-क़लम से प्रेम करना सीखो
लड़कियों!
ज़रूरत पड़ने पर
तुम्हारे लिए यही बनेंगे
बाधाओं की नदी का पुल!

6

जब मैं मिलने आऊँगा
फिर वापस नहीं लौटूँगा
तुम धरा हो
मैं आकाश
जुलाई की पहली बारिश बनकर
समा जाऊँगा तुम्हीं में
तुम्हीं में उगूँगा
तुम्हीं में खिलूँगा
और फिर—
सूखकर मिल जाऊँगा तुम्हीं में

अगस्त

1

मिलना तो आधिपत्य से न मिलना
जैसे जनवरी मिलती है फ़रवरी से
मिलना तो एक दूसरे की छाया में
डूबने, डुबा लेने के युद्ध से बचना
मिलना तो
लोगों के दिमाग़ में चल रही
हमारे रूप, गुण की तुलना को
अनसुना, अनदेखा करके मिलना
मिलना तो एक बराबर होकर मिलना
जैसा इकतीस की जुलाई से आकर मिलता है
इकतीस का अगस्त

2

धरा के गर्भ को
नेह से सींच
साथ रहने के आश्वासन से भर
इन्हीं काली रातों में
किसी रोज़
भरोसे का हाथ सीने से उठाकर
चुपचाप चला जाएगा
बुद्ध-सा आसमान!
प्रेम में
एक बार फिर
छली जाएगी स्त्री ही

3

धूप छाँव का जगमगाता दर्पण है
हरियाली है
यौवन है
सब कुछ तो है तुम्हारे पास
फिर आँखों में नमी
और साँसों में अजीब-सी घुटन क्यूँ है ?
सुना है आजकल उदासियों की गलियों में
बढ़ गया है तुम्हारा आना-जाना
दिन में सूरज की बत्ती बुझा
घंटों अँधेरा किए
खाट में मुँह दिए चुपचाप पड़े रहते हो
कहीं तुम्हें वही तो नहीं हो गया
अगस्त!
जिस रोग को प्रेम कहते हैं

4

वह लड़की हटा देना चाहती है
कैलेंडर से अगस्त का महीना
जिसने इसी मास की किसी
बरसती रात में जन्म लिया
उस माँ की कोख से
जिसे प्रसव वेदना से ज़्यादा कष्टकारक लगे
दाई के कहे चंद शब्द
'हे राम! फिर से बेटी आ गई!'
जिन्हें सुनकर माँ कई पहर के लिए चली गई थी
सदमे की गहरी खाई में
मुर्दाना सन्नाटा ओढ़े घर में कई दिनों तक वह भूख को दबाए
डरती रही रोने से
कहीं शांतिभंग के जुर्म में मार न दी जाऊँ
जो पगडंडी पर उगी खरपतवार-सी
नेह की बरसात की आस में
ताकती रही आसमान को
वह लड़की
मिटा देना चाहती है

अपने जन्म की तारीख़
अपने होने के तमाम सबूत

5

जिस प्रकार
कुछ दुख
नितांत अपने होते हैं
और सुख सार्वजनिक
देह स्वयं भोगती है अपनी पीड़ा
मगर अपना फल बाँट देती है सभी में
जोकर की हँसी दुनिया के लिए
पर आँसू उसके ख़ुद के
उसी तरह
अगस्त के
सूखे कंठ में बसी प्यास उसकी अपनी है
और बारिश की फुहारे
सब के लिए...

6

सुबह निकलता है वह
काम की तलाश में
शाम को थका-हारा लौटता है घर
दिन उसके लिए एक रोटी है
रात रोटी का ख़्वाब
जनवरी में वह सहलाता है
गेहूँ के नर्म बालों को
अप्रैल में काटता है उन्हें
जुलाई-अगस्त के दौरान
बारिश के साथ रोपता है धान
बिदाई में
बूँदें गोइछा में डाल जाती हैं थोड़ा-सा दूब धान
साल के अंत में वह फिर खोलता है मिट्टी की हथेली
उसमें छिपा देता है गेहूँ के दाने
उसका साल रोटी से शुरू होकर
ख़त्म हो जाता है रोटी पर
मज़दूर पैदा होता है
रोटी का सवाल लेकर
अंत में
मर जाता है रोटी के सवाल के ही साथ—

सितंबर

1

वो दुःख की घिर आई काली घटाओ में भी
चटक धूप-सी खिलखिला उठती
रिश्तों की उष्णता को बनाए रखने की चाह में
न जाने कब की ठंडी पड़ चुकी थी
उसकी इच्छाओं की मृत देह
घर आँगन में संगीत बोती माँ के अंतर में
चौमासे की रातों का डरावना सन्नाटा गूँजता रहता
हँसते-हँसते रोने और रोते-रोते
अचानक हँसने वाली जादूगरनी माँ
धान के खेत-सी घुटन भरी उमस में भी
बाहर से हरी-भरी दिखने का उत्तम अभिनय करना जानती
अपनों के रंग में रँगी माँ
कब का भूल चुकी थी अपना असली रंग
उपेक्षित सितंबर थी माँ
उसमें गहरे समाए थे सारे मौसम
मगर वह किसी में नहीं थी

2

कोई साथ चलने को पुकारे
तो दौड़कर
स्नेह से थाम लेना
उसका हाथ
चूम लेना
मुंडेर पर बैठे सफ़ेद कबूतर
की चोंच में झूलता प्रेमपत्र
मत भूलना कि द्वार पर
प्रेम का रिक्त पात्र लिए खड़ा भिक्षुक
ख़ाली हाथ लौटा तो मुड़कर दुबारा नहीं आएगा
ये काँस खिलने के दिन हैं
हवा में रुई से उड़ते दिन हैं
इन्हें आँख भर निहारो
अंक भर समेट लो
मन में उतार लो
ये सितंबर के सितमगर दिन हैं
बेरहम दिन हैं
ये दिन नख़रीले प्रेमी का दिल हैं

3

जब माँ ने भरे गले से पूछा
'मैंने तुम्हें नौ माह तक अपनी कोख में रखा
क्या तुम मेरा वो समय लौटा सकते हो?'
मैंने तपाक से कहा 'हाँ हाँ, बस नौ माह ही न!'
अब, जब
साल कर रहा है नवें महीने में प्रवेश
देख रहा हूँ उसे युवा से प्रौढ़ होते
उसने खो दी हैं अपनी कई ऋतुएँ
यहाँ तक पहुँचते-पहुँचते ग़ायब हो चुका है
उसके जीवन का चुलबुलापन
वह तेज़ी से फिसल रहा है जीवन की चोटी से नीचे की
ओर
अब सोचता हूँ—
माँ होती तो उसका हाथ माथे से लगाकर कहता
मुझ ग़रीब को माफ़ करना माँ!

4

तुम जाना मगर वैसे न जाना
जैसे जाते हैं पक्षी प्रवास पर
जैसे लाम पर जाता है सैनिक
एक लंबी अवधि के लिए

तुम जाना
और जब सब यह मान चुके हों
कि जा चुके हो तुम
लौट आना उलटे पाँव
जैसे काँस खिलने के बाद भी
धरती को उदास देख
फ़िर–फ़िर लौट आती है बारिश

5

(14 सितंबर)

1)

बड़े दिनों के बाद
बच्चे घर आए हैं आज
माँ कल दीवारों से बात करती थी
माँ
कल फिर दीवारों से बात करेगी!

2)

कल आऊँगी
तुम्हारे घर
अकेलेपन में ख़लल डालने
आज तो ख़ैर!
मेहमानों ने बड़ी रौनक़ लगाई हुई है

3)

बोलो हिंदी

वर्ण तुम्हारे, शब्द तुम्हारे
सारी कविता, गीत तुम्हारे
उर्दू, संस्कृत, अरबी, फ़ारसी-से मित्र तुम्हारे
मुँह खोलो हिंदी
अपने छल पर खुलकर बोलो हिंदी
चुप क्यों हो
कुछ बोलो हिंदी
दिल खोलो हिंदी

4)

दाता से झोली भर लेकर
एक कण देकर याचक बोला
जाओ कृतज्ञ रहो
मैंने तुमपर उपकार किया
हिंदी हँसी
माँ भी हँसी
हँसे ज़ोर से
शिक्षा, गुरु, पिता और पृथ्वी
अपना दिवस मनाने वालों के ऊपर

अक्टूबर

1

धो दिया आसमान
बुहार दी धरती
किसानों को लौटा दिया
उनके श्रम का प्रतिफल
लड़ती-झगड़ती ऋतुओं को
मिला दिया गले
खिल रहे हैं पुट्टुस
सूर्य से ताप लेकर
निखर रहे हैं जटगी के पीले फूल
छाँटे जा रहे हैं गुलाब
बराबर बाँट रहे हो सभी में
अधिकार और सम्मान
अक्टूबर तुम हमेशा से ऐसे ही थे
या फिर ये सब
बापू की संगत का असर है ?

2

इनके चाँद से मुख पर
बात-बेबात खिल उठते हैं
कुमुदिनी के गुलाबी फूल
दूधिया दाँतों की रंगत से
टिमटिमाने लगते हैं
आकाश के बुझे उदास तारे
इनकी आँखों में दमकता है
सूरज का कभी न मिटने वाला तेज़
हवा के पंख लगाए
उड़ती फिरती हैं
ख़्वाबों के सतरंगी रथ पर
ये कभी भीग जाती हैं प्रेम की उष्णता से
तो अगले ही पल स्पर्श की लाज से
हथेलियों में भर जाती है बर्फ़ की ठंडक
फ़रवरी, अगस्त होने से पहले
अक्टूबर होती हैं
प्रेम में पड़ी लड़कियाँ

3

ग़रीब ने
हँसते-मुस्कुराते
इस भरोसे काट लिए
दुःख में डूबे गहरे काले दिन
कि कभी तो
अक्टूबर के हिस्से
में भी आएँगे
दिवाली के दीप

4

आ जाओ
कि अब तो आकर विदा हो चुके हैं ग्रीष्म और बरसात
आने वाले हैं
साँझी मैया के दिन
आ जाओ
देखो अब तो आ गए बापू भी
रास्ते में है शरद् ऋतु
बाज़ार में लौट आई है
ऊनी कपड़ों की सेल
मौसम मिल रहे हैं एक-दूसरे के गले
मैं सूनी आँखों से देखती हूँ
घर का द्वार
तुम्हारे शहर से लौटती ट्रेन की आवाज़ पर
दौड़कर जाती हूँ खिड़की तक
आ भी जाओ अब
कि कई माह बीते
कोयल भी गीत गाकर सो रही है चैन की नींद
टिटहरी का कंठ भी तृप्त है
फल-फूल रही है

नेह में भीगी धरती
बस तुम्हारी याद में
बरस रही हैं मेरी आँखें
आ भी जाओ—
जानते हो न तुम!
कि धान कटाई के दिनों में
बारिश का होना
अच्छी नहीं होता!

5

मुझे ठीक-ठीक याद है
जब हम मिल रहे थे पहली दफ़ा
वो अक्टूबर का महीना था
मेरे माथे पर पसीने के मोती झिलमिला रहे थे
और देह किसी काग़ज़ की नाव-सी काँप रही थी थरथर
जब हम मिल रहे होंगे आख़िरी बार
मैं नहीं जानती
वो कौन-सा दिन, महीना, साल होगा
मगर इतना जानती हूँ
उस दिन हमारे प्रेम के आकाश की हथेली पर
पूरा गोल, चमकता चाँद रखा होगा
रात में गिरी ओस अटकी होगी पलकों पर
लौटते सावन भादों के विदा होते मेघ जैसे मेरे हाथ
तुम्हारी दोनों हथेलियों के दरमियान चुपचाप सुबक रहे होंगे
मन भरा होगा दुःख से, धान से भरी बालियों की तरह
जब हम पलटकर देखेंगे बीते दिनों के पन्ने
सर्द-गर्म मौसम-सा अपना साथ देखकर मन को तसल्ली
होगी
वो साल का कोई भी दिन हो

मगर इतना निश्चित है कि वो
हमारे प्यार के कैलेंडर में अक्टूबर का महीना होगा

नवंबर

1

नवंबर की धूप
बचपन में
माँ के हाथ से
खाई चपत-सी
छोड़ जाती है गालों पर
थोड़ी-सी उष्णता
और
स्नेह में लिपटी थोड़ी-सी ललाई भी

2

पेड़ की पत्ती
गौरैया के बच्चे
बालू का टीला
सूरज की किरणें
हिरणों का झुंड
जुते हुए खेत
रामू का बैल
हरिया की झोपड़ी
देखो तो
कैसे चमक रहे हैं
सब के सब
नवंबर की ओस में नहाकर

3

सुबह शीतल
शाम फुरफुरी
ठिठुरी-ठिठुरी
रात नवंबरी
सब पर भारी आई है देखो
धूप दुशाला ओढ़ दुपहरी

4

नवंबर के दिनों में
पार्क में घूमती स्त्रियाँ
बात कर रही हैं
स्वेटर, मौजे, गर्म कुर्तियों की सेल की
दिखा रही हैं रज़ाई, कंबल, चादरों
को धूप
पसर गई है हर ओर
तिल के लड्डू, गाजर के हलवे की महक
खाँसी-ज़ुकाम के घरेलू नुस्ख़े
और खान-पान की हिदायतों
के साथ
इन दिनों बढ़ गई है घरों में
बड़े-बूढ़ों की पूछ

5

तुम्हारा आना
जैसे मुंडेर पर फिसलती
नवंबर की धूप
आते ही लौट जाती है
उलटे पैर
अबकी बार आना
तो जेठ की दुपहरी-से
ठहर जाना मेरे पास

6

उम्र के ढलान पर खड़ा बूढ़ा वर्ष
नवंबर के
ठंडक भरे दिनों में
उदास बैठा सोच रहा है
उम्र के चढ़ाव में लोगों पर
बहुत किए मैंने
जून, जुलाई के सितम

7

जाने से ठीक पहले का समय
अविस्मरणीय होता है—
मिलन की तमाम
ख़ुशबुओं को समेटे हुए
बिछड़ने की ठंडक
और प्रेम की उष्णता से भरा हुआ
बिलकुल नवंबर की तरह

8

सेठ की बिक्री बढ़ी
कर्मचारी को मिला बोनस
बच्चे नए कपड़े, पटाख़े, मिठाई
पाकर ख़ुश हुए
माँ और पत्नी
नई साड़ी पहन इतराईं
घर रंग-रोग़न और रौशनी में झिलमिलाता
दुल्हन-सा हँसा
परिवार को ख़ुश देखकर
मुस्कुरा उठा एक पुरुष
नवंबर की झोली में
कितनी ख़ुशियाँ उड़ेल देती है
एक अकेली दिवाली

9

तुम एक और एक को जोड़कर
दो कहते हो
मैं एक और एक से
ग्यारह बनाती हूँ
वैसे कैलेंडर के हिसाब से
नुक़सान न दो होने में है
न ग्यारह
प्रेम करने के लिए
भला कौन-सा मौसम बुरा है!
न फ़रवरी
न नवंबर...

दिसंबर

1

खिड़की से झाँकती
दिसंबर की धूप—
मेरे नाउम्मीद कानों में
जैसे अचानक आकर
कहा हो तुमने
लो मैं आ गया!

2

दिसंबर की
ठंडी हवाओं ने
सोख ली है
माथे की नमी
ज़रूरत है
एक अदद चुंबन की

3

सड़क किनारे
पेट में घुटने
और घुटनों में हाथ फसाए
सोने की नाकामयाब कोशिश करता
गठरीनुमा भिखारी
इस नतीजे पर पहुँचा
जून से अधिक
बेरहम है दिसंबर

4

जीने के लिए क्या चाहिए
रोटी और प्रेम
दिसंबर दोनों देता है
गेहूँ बोए जा रहे हैं
तुम याद आ रहे हो

5

जब से छोड़े हैं पहनने
माँ के हाथ से बुने
डिज़ाइनदार स्वेटर
अब कोई स्त्री नहीं रोकती
बीच राह में—
बहुत याद आता है
बचपन वाला वीआईपी दिसंबर

6

दिसंबर का भाग्य
जैसे ग़रीब की ज़िंदगी
धुंध ही धुंध
कोहरा ही कोहरा
दिन छोटा
काली घनी लंबी रात
उजाले की दूर-दूर तक
कोई गुंजाइश नहीं

7

दिसंबर आ गया
वो नहीं आए!
प्रतीक्षा में हैं
गुड़, मूंगफली
और तिल के लड्डू जैसी
बे-सरपैर की
मेरी बातें—

8

अभी ठहरा हूँ कुछ देर
तुम्हारे एक स्नेह निमंत्रण की आस में
मिटने से पहले
स्मृतियों में, स्पर्श में, प्रेम में—बचा लो मुझे
अभी शेष हूँ
पुकारकर तो देखो
दौड़कर लग जाऊँगा गले
कल उत्तर में शायद
प्रतिध्वनि ही लौटे
फूटे घड़े-सा क्षण-क्षण रीत रहा हूँ
हर पल
बीत रहा हूँ मैं—
दिसंबर की तरह

9

देखना कभी, कहीं अचानक
साल के आख़िरी दिन
जब मिलेंगे हम दोनों
उस दिन से
पलट जाएँगे
वर्ष के दोनों सिरे—
साल शुरू होगा दिसंबर से
जनवरी पर ख़त्म होगा

10

जाओ दिसंबर
नाउम्मीद कर दिया तुमने तो
तुम भी जनवरी जैसे ही निकले यार!
धोकेबाज़
फ़रेबी
हमें जुदा करने वाले
क्या तुम भी नहीं समझते
चले जाने का दर्द!
बिछड़ना क्या होता है—
कितना तकलीफ़देह है अलविदा कहना
जब तुम ही नहीं समझे
फिर कौन समझेगा दोस्त!